당신의 어둠을 가질 수 있겠습니까

최수란 시집

시인동네 시인선 255   최수란 시집

당신의 어둠을 가질 수 있겠습니까

시인동네

시인의 말

네게,

2025년 6월
최수란

차례

시인의 말

제1부

서른 · 13

프롤로그 · 14

지워지는 계절 · 16

노을 속에 멈춰 서 있고 · 17

가을 기록 · 18

봄밤 · 20

눈 · 22

시절 · 23

어떤 날 · 24

어떤 이야기 · 26

사랑 · 28

이야기 · 29

사월이라 부른다 · 30

파도 기록 · 32

나비 · 34

제2부

고백 · 37

팔월 · 38

얼굴 없는 새 · 40

기도 · 41

봄 · 42

맨홀 · 44

겨울 · 45

그날의 미래 · 46

어둠을 먹고 사라지는 · 48

13월 · 49

사라지는 밤 · 50

바람 기록 · 52

비가 내리고 · 53

검은 · 54

달과 같은 · 56

검은 새 · 58

제3부

천변 · 61

백지 · 62

새 · 64

어떤 오후 · 65

고요 · 66

노을 · 68

뱅쇼 · 69

밤과 빛과 · 70

새벽 · 72

파도 그림 · 73

밤을 끌어안는 밤 · 74

그림 · 76

끝나지 않는 길 위에 있었다 · 77

겨울 오후 · 78

세계 · 80

제4부

빈 잔 · 83

파도 파도 · 84

다가서는 화원 · 86

인사 · 87

그림자 · 88

기록 · 90

하나의 숲 · 91

계절 · 92

한 사람 · 94

하루 · 95

어떤 인사 · 96

깊은 울음은 외려 눈물을 감추게 될 것이다 · 98

작은 방 · 99

어떤 기록 · 100

밤 · 102

해설 너에게로 가는 먼 길 · 103
　　　오민석(문학평론가·단국대 명예교수)

제1부

서른

  어떤 이별은 황홀하고 난처하다 당신의 내면을 들여다보는 것은 지독했다 단 한 번도 누군가가 다녀간 적 없는 심연 손목에서 붉은 나이테가 돋아났다 흘러내리는 꿈을 바라본다 서로의 얼굴은 보이지 않는다 한쪽으로 기우는 시선 차가운 흔적이 버석거린다 거리를 휩쓸고 가는 바람 낯선 사내는 맑은 눈동자를 가졌다 떠나지 못한 기억의 비늘을 주워 든다 깊고 아득한 나날 속으로 별빛이 사라졌다 눈물을 가둔 입술 한 세계가 짧게 빛났다

프롤로그

떠나보낸 이야기가 참혹해서 길을 걸었다

바닥을 에둘러 돌아나가는 골목길에는 바람의 지문이 묻어 있었다 모퉁이를 돌아 나오면 그곳엔 전깃줄에 앉은 새를 볼 수 있었다

의미를 던져주기 전에
새가 날아갔다
걸었다

나는 살아 있는 시와 죽은 시 사이에서 산다
내가 만나려는 시는 아득한 적막과 사라지는 지문 사이에 있다

때론
끝이 없었다

말하는 모든 것들이 나와는 무관하게 다녀갔다

흘러내리는 꿈이 햇살에 비추일 때
나는 내 손바닥을 꾹 쥐었다

바람이 불자
나는 나의 손바닥으로 얼굴을 감쌌다

불변을 앓았다

내 기억의 골목 끝엔
실패한 적 없는 실패가 있었다

돌아보지 않았다

지워지는 계절

계절을 잃었다. 몇 개의 이해할 수 없는 일들을 통과했다. 이해는 결핍의 다른 이름이었다. 나는 커다란 창 앞에 서 있었다. 창밖엔 이름 모를 나무 한 그루가 있었다. 나무는 바람에 휘청이고 있었다. 투명한 창 너머 깊이를 가늠할 수 없는 눈빛이 있었다. 돌아 *나올 수 없는 터널이 있다면*, 창을 벗어나 계절을 걸었다. 잃어버린 기억은 계절의 발걸음을 따라오지 못했다. 계절의 한가운데에서 문 하나를 두드렸다. 인기척이 없었다. 나를 둔 채 문을 열었다. 검은 산허리가 둘러싸인 곳에 자욱한 안개가 있었다. 바람이 안개를 매만지고 있었다. 안개 속으로 걸어 들어가자 두고 온 내가 그곳에 있었다. 나는 안개 속에 홀로 서 있었다.

잃어버린 모든 것을 생각했다.
나 아닌 모든 것,

노을 속에 멈춰 서 있고

어떤 세월 안에 있는 나는 다시 한번 사는
인생을 떠올리며 노을 속에 멈춰 서 있고
바람의 따듯한 온기가 나를 휘감고 돌아설 때
나는 너를 생각하며 노을 속에 멈춰 서 있고
고통 속의 내가 너를 붙잡을 때 그 손을
놓지 않고 걸어가는 너는 노을 속에 멈춰 서 있고
떠나지 못한 아픔을 감싸며 서로의 손을 맞잡는
너와 나는 노을 속에 멈춰 서 있고
그 어떤 시절 속에 하염없는 이름으로
나는 너를 부르며 노을 속에 멈춰 서 있고
사라진 지문이 담긴 세월 안에
너와 나는 노을 속에 멈춰 서 있고
노을 속에 멈춰 서 있고

가을 기록

상념은 쉽고 배반은 어렵다

길 한가운데에서 물끄러미 밤 풍경을 바라본다 네온이 휩싸인 도심은 밤바람이 가득하다

길을 걷는 행인들
저들의 폐허는 몇 블록쯤일까

다시 돌아서서 길을 걷는 행인들
저들의 행복은 몇 개의 계절일까

돌아보면 모든 것이 아득하고 더 이상 돌아보지 않는 사람이 되어
나는 더 아득해지고
가을에서 겨울로 넘어가는 길목에 차가운 바람을 감싸 쥐며 옷을 추스를 때

아 나는 폐허구나

의미를 두고 나온 발걸음이 천천히 길을 걷고 있고

나를 비껴간 너의 그림자를 생각하다
그 빈자리에 바람 한 점 내려앉아 있는데

아 그것은 아름다웠구나 나는
하염없어지는 것이다

봄밤

나뭇가지가 프레임에 담겼다 프레임을 벗어나면 여백이 있고 간혹 새가 프레임 안으로 날아들기도 했다

프레임 안에 햇살이 가득해지면 나는 프레임을 안고 당신들을 떠올리며 당신들의 이름을 호명하며 호명된 이름에 안부를 건넸다

눈을 감은 채

당신이
당신은 누구냐고 묻는다면

나는 눈을 감은 채
당신을 호명하다 깊어진 밤 안에서
깊어진 밤 속으로

당신의 조각을 하나씩 프레임 안에 담아 날아가는 새를 펼쳐지는 하늘을 빛나는 눈빛을 바라보며 나는,

'당신은 누구십니까?'

아무도 묻지 않았다

눈

너의 눈빛 같은 눈이 내린다

바람이 불어온다
숲이다

눈빛을 밟고 걸어가니
내가 새겨져 있다

너를 지우느라 다 써버린 시간을 앞에 두고
밀려드는 너를 꼭 껴안는다

흘러간다
흘러가는 것을 그대로 둔다

햇살이 새처럼 스며드는 숲
나뭇가지에 마지막 붉은 잎 하나가 있다

사라지지 않았다

시절

흐르는 대로
두었다
계속 잃었고
잃어서 아름다웠다
하루는 아무 일 없이
하늘이 맑아
그 맑은 하늘이 너무
아름다워

부서졌다

이토록 희박한 삶이
있었다

어떤 날

네게 없는 것이 흐른다
흘러 내게 온다

밀려 나가는 것이 있어
잡고 싶었다

바람이 불었다
꽃잎이 흩날렸다

하얀 눈과 뒤엉킨
꽃잎 아래

열어 볼수록
아프게 사라지는
기억 하나 놓였다

바깥은 좁고
안은 깊다

봄은

그것 그대로 남겨둔 채
봄이었다

어떤 이야기

모든 것을 놓았을 땐
아무도 없었다

끝이라 여겨졌을 때
비가 내렸다
가만히 빗소리가 들렸고

나는
더 이상 의미를 묻지 않는
사람이 되어 있었다

바람이 불고
새가 날았다

길을 걸었다

가득한 언덕 위에서
한 번도 가닿지 못한

세계를 생각했다

끝이 없어
사랑했다

사랑

모로 누워 웅크린 아픔 하나가

어깨를 내어주는 영원에 있다

이야기

"증오가 없나요?"

"네"

모든 것이 무화되는 사람이 있다

오래된 자국이 사라진다

지워진다

나는 너의 손을 잡는다

고백이 있다

아득한 바람이 불어온다

사월이라 부른다

떨어지고 있다
꽃잎이
네 손바닥 위에 놓인 주름 위로
꽃잎이 떨어지고 있다

비가 내렸다

무감하게 비가 오는 풍경을 바라보는데
풍경이 너무 평화로워 보여
너의 주름을 맞잡고 걸었다

내가 바라보는 풍경에는 그것으로
충분한 풍경이 있다

그곳에는 너를 덮고도 너를 일으키는
파도의 포말이 있다

나는 떨어지는 꽃잎을 손에 쥐고

밀려드는 파도 앞에 서 있었다

만남은 헤어짐을 끌어안고 오지만
헤어짐은 너를 안고도 너를 놓아주는 것

손에 쥔 꽃잎이
파도 안에 있다

꽃잎을 쥐고
꽃잎을 쥐고

파도 기록

새가 난다 바람 한 점이 파도의 포말과 함께 부서지고 있다 바람은 풍경을 감싸며 불어온다 새가 날고 해가 지고 풍경이 풍경 속으로 사라질 때 놓아지지 않는 어떤 풍경 하나를 해변에 두고

나는 다시
파도 앞에 서 있는 것이다

하염없는 풍경이 끝없이 펼쳐지면 부서질 듯 밀려드는 파도 앞에서 날아가는 새를 수평선 너머로 사라지는 노을을 끝간 데 없이 바라보다

나는 다시는 볼 수 없는 기억을 손에 쥐고 그저 하염없어지는 것이다 바람이 파도와 함께 사라지고 있다

나는 해변에 서서
슬픈 풍경을 감싸안는다

새는 여백을 만들고

파도의 이야기는 여기서부터 시작된다

나비

돌아서지 못한 길 끝에
나비 한 마리 날았다
계절이 지나가고
나비가 다시 날았다
맺힌 기억보다
다가서는 기억이 있어
환했다
비가 내렸고
빗물이 흘렀다
사라진 계절과
미완의 꿈이
하늘 한가운데 있었다
시작과 끝은
맞물려 있었다
그 당연한 사실이
가끔은
슬픔이었다

제2부

고백

어떻게 해야

당신의 어둠을 가질 수 있겠습니까

팔월

바다를 보러 가기로 한 날은
팔월의 마지막 날이었다
해변에 펼쳐지는 파도와
파도를 타고 밀려드는 바람과
멈춤이 없는
해변의 움직임을
보고 싶었다
아무 의미 없이
아무 바람 없이
손을 내밀면
내게 다가서는 모든 몸짓을 떠올리며
해변을 걷는다
몰래 간직한
어떤 약속은
주머니 속에 넣어둔
저녁별 안에 있다
칠흑 같은 어둠이 덮은
해변을 거닐며

모든 것을 내어줘도 괜찮을
너를 생각한다
별 하나가 있고
별이 펼쳐지는 하늘을 바라보며
먼 곳에서부터 시작되는
빛의 시작을
너의 손짓을
나는
기다리는 것이다

얼굴 없는 새

검은 나무에 앉은 오래된 새의 울음소리가 들렸다 나는 사라지는 숲과 타들어 가는 바다 위에 있다 단 한 번도 불린 적 없는 나의 이름은 얼굴 없는 새가 되어 허공으로 사라지고 소리 없이 다가와 새겨지고 새겨지는 모든 발자국은 검은 해변의 포말 속에서 나의 생을 기록하는 중이다 나는 바람이 부는 방향을 따라 가만가만 걸어갈 것이다 허공 속의 긴 햇살이 나의 무릎 위에 내려앉을 것이다 새 한 마리 날아들 것이다 나는 사라지는 중이다

기도

우주에서 새소리를 더한 만큼 사랑합니다.

봄

아침이 있다

창을 열어 하늘을 본다

당신의 눈빛이 맑다

사랑하면 서로의 눈빛이
닮아간다는 이야기를 어디선가
들었던 것도 같다

서로의 눈빛이 닮아갈수록
서로는 맑다

고통의 깊이도 맑았던가
탁해서 아름다웠던가

봄

고통마저
가벼웠다

맨홀

아무것도 아닌 일이었다 맨홀에 빠진다면 나는 어떻게 할 것인가 한 번의 맨홀이 있었다면 두 번은 없는 것이다 열린 창틈으로 도로 한복판에 자리한 맨홀을 보았다 부정을 거친 맨홀은 도로 위에 홀로 남겨졌다 창을 열고 창을 닫는 동안 한 번의 맨홀을 보았다 부서지던 나날이 있었다 맨홀의 뚜껑은 닫히고 계절은 열렸다 아무것도 아닌 일들 그 안에 내가 있었다 이것은 나의 이야기가 아니다

겨울

"안녕히……"라는 메일을 받았다

오늘은 40여 년 만에 가장 많은 적설량을 보인 날이었다

볼 수 없는 사람 하나 있었고

택배 상자 하나를 열었고

무감하게 접히지 않는 꿈이 있어

빈 잔에 물을 따르고

잠시 길을 걸었다

쌓여 있는 눈을 밟으며 그 자국을 따라가는 이들을 바라보았다

아름다웠다

그날의 미래

부서진 별 하나
있다

밤이 되어도
빛이 되지 못하는

그리하여 아픈

사라진 미래를 안고
골목을 돌아나가는
한 사람이 있다

어둠을 통과하며
언덕을 오르는
한 사람이 있다

당신의 손을 잡고
미래를 걷겠습니다

오지 않은 당신과
다가선 적 없는 당신과

미래는
그리하여 아픈

떠나지 못해 아름답던
미래가 있었다

어둠을 먹고 사라지는

계단을 올라가면 백열등 하나 켜져 있다 검은 벽의 그림자는 백열등의 불빛과 맞물려 바닥을 뒤덮고 있다 테이블 위에는 붉은 작약 두어 송이가 투명한 병에 꽂혀 있다 창 하나 창 너머 도시는 어둠의 단면들이 모여 있는 광장이다 전신주에 앉은 검은 새 한 마리 일정한 간격으로 늘어선 검은 나무들 어둠을 먹고 사라지는 몇몇 사람들이 있다 창을 열었다 종소리가 들린다 새가 난다 너의 얼굴과 나의 얼굴이 어둠 속에서 겹친다 얼굴 없는 사람들이 거리를 지나간다 어둑한 거리에 하얀 작약 한 송이 들고 가는 이가 보인다 종소리가 어둠 속을 걸어간다 검은 도시를 가득 메우고

13월

익숙하고 불편한 진실이 하얗게 녹아내리고 있었다.
어떤 세상 속에서 당신을 기다렸다.

사라지는 밤

밤이 오고
검은 구름이 마음을 휘감던 날
비는 내리지 않았다

백열등 아래
기억 하나 있다 기억은 비어 있다
나는 나의 의지로 가고 있다

돌이킬 수 없는 계절을 겪은 자는 아름답다

밤이 오고
밤을 마주하는 방안에서

아늑해져 가는 자신을
바라보다

무너지고 싶다

부서진 자는 더 아름답다
마침내 비가 내렸다

펼쳐지는 페이지마다
무심한 짐승들의 울음이
웅크리고 있었다

울음 위로
다음 세계가 걸어왔다

가득한 계절은
떠나지 않았다

바람 기록

 반쯤 열어둔 창 안으로 한여름의 바람이 불어 들어오고 있네요 바람 바람이라고 발음하면 바라던 일이 모두 이루어질 것 같아서 오늘 나는 나의 어제를 기록하고 있어요 어느 봄밤 꾸었던 하나의 꿈에 관한 이야기랍니다 당신과 나는 과거를 상실한 채 붉은 가로등이 켜진 비 오는 밤을 걷고 있었죠 골목을 지나 모퉁이를 돌아 막다른 지점에 다다를 때까지 상실된 과거는 돌아오지 않았어요 *당신의 어제는 나의 오늘이 될 수 있을까요* 푸른 바다를 가르는 하얀 새 한 마리는 등장하지 않았어요 꿈을 기록하면 내가 보이나요 보이는 나는 어제의 나와 같을까요 바람이라고 발음하면 꿈속의 나는 하얀 새가 될 수 있을 것만 같아요 꿈속의 기록은 여기까지입니다만 반쯤 열어둔 창 안으로는 여전히 봄밤 같은 바람이 불어 들어오고 있네요

비가 내리고

  창을 조금 열어두고 잠들 것이다 새벽에 비가 내릴 것이다 열어둔 창으로 빗줄기가 들어올 것이다 나는 깨어나지 않은 채 깊은 잠에 빠질 것이다 한밤중에는 옅은 바람 냄새와 옅은 빗줄기만 있을 것이다 빛이 보이지 않을 것이다 그곳에 나의 태초가 있을 것이다 꿈을 꿀 것이다 꿈속의 나는 꿈 밖의 나를 그리워하지 않을 것이다 떨어지는 빗줄기가 나의 입술에 내려앉을 것이다 태초의 내가 나의 세계 안에 있을 것이다 어둠을 끌어안는 마음으로

검은

상복을 입었던 너는 봄을 보았다고 했다

언덕을 오르며 골목을 돌아서고
웅크린 고양이 한 마리가 길을 잃을 때

너는 장례를 치르고 화장(火葬)을 하고 납골당에 도착했다

언덕 위에는 옅은 바람이 불었고
검은 구름이 있었고
몇 개의 별이 하늘을 휘감고 있었다

가족장이라 했다
조문객은 없었다

빈터만 남은 언덕 위에선
한 사람은 살아 있지도
죽어 있지도 않았다

숨죽인 언덕 위에
검은 비가 쏟아져 내렸다

비에 젖은 고양이 한 마리
울음도 비명도 아닌 소리를 내며
말캉한 떡 두 조각을 물고
골목을 돌아나갔다

달과 같은

오늘 나는
당신과 같은 시집을 읽었어요
이런 일은 간혹 있어요
집에 두고 온 열쇠를
당신의 주머니 속에서 발견할 때
아무도 없는 방 한가운데
따듯한 밥 한 공기가
차려져 있을 때
내가 두고 온 당신의 온기가
겨울 편의점 파란 파라솔에
놓여 있을 때

달이 달처럼 빛날 때

그런 날이 있어요

달빛 가득한 마음이
속절없어질 때

하늘은 하염없는데
내게 번지는 마음이
차 한 잔 속에서 퍼져나갈 때

이따금
더 이상 보이지 않는
그림자를 따라가다
길을 잃어버리는

그런 때가 있어요

검은 새

새가 물고 온 바람 한 점이 물이 반쯤 담긴 유리잔 속에 놓였다.
바람은 물을 덮어주고
물은 잠이 든다.
물은 깨어나지 않는 꿈을 꾼다.
꿈속에서 물은 웅덩이다. 실패다.

깨끗해지려 하지 마.

바람이 눈을 감는다.

제3부

천변

들여다보아도 보이지 않는 것이 있었다

천변을 걸으며

아름답다고 말했다 바람이 천변을 덮는다 구름이 아무 이유 없이 평온할 때 나는 바라본다

이름 모를 보라색 꽃이 천변 가에서 흔들리고 자전거를 타고 가는 소년이 있고 나를 살게 하는 바람이 있다

흔들리는 내가 천변에 서 있다

들여다보아도 보이지 않는 것이 있었다

나는
홀로 천변에 서서
천변에 서서

백지

백지 위에 '검은'이라고 써놓고 검은색 옷을 입었다

하늘은 흐렸다
백지는 구석까지 하늘을 닮아 있었다
백지를 들고 밖으로 나왔다

목적 없이 버스에 올랐다 도로는 정체가 없었다

백지에 무엇인가를 적었다
무엇이 무엇인지 모른 채 적었다

횡단보도에 파란불이 켜진다
노인 한 명이 노인의 부축을 받으며 횡단보도를 느릿느릿 건너고 있었다
붉은 불이 들어온다

차들은 움직임이 없었다
나는 그것이 시적이라 생각했다

'검은'이라고 써놓은 백지 위에
'용서'라고 이어 적었다

사랑은 실패와 어울리지 않는 것

검은 옷을 입은 나는 검은
하늘이 될 때까지 백지를 생각했다

너의 울음은 나의 울음으로 되살아나고
손에 쥔 백지는
검은 글자들로 뒤덮이겠지

결국 버스는 내가 모르는 종점을 향해
내달리기 시작했다

새

새와
새가
있다

비가 내리는 오후

서로의 날개는
젖는다

존재를 품고도
슬픈

존재가 있다

어떤 오후

 창 하나 창밖엔 바람에 흔들리는 나무 테이블 위에는 잔 하나 놓여 있다 비워지는 물잔 나무는 계속 바람에 흔들리고 투명한 표정을 지닌 한 사람이 있다

 "한참 멀었네요"

 삶을 생각하진 않았다
 오래 남았다

 창밖 나무는 부서질 듯 바람에 흔들린다 나무 위로 새 한 마리 가로지르고 방안은 하얀 적막만이 남아 있다 잴 수 있는 가장 가까운 거리에 당신이 있었다 '당신의 눈동자는 노래 같아요' 마지막이었다 창틈으로 옅은 바람 하나 들어온다 짧은 기척이 있었다 문을 열고 나오자 오후의 햇살에 눈이 부셨다

 빛나는 것이 있어 아팠다

고요

검은 하늘이 되기 전

새는 길을 잃었다

검붉은 하늘이 너를 뒤덮기 전

새가 날았다

떠오르지 않는 생각 속에 놓인 고요

바람은 고요를 감싸고

가만히 유영하는 시간을 놓쳤다

때론

끝이 없어

살았다

새가 날자

아무에게도 들킨 적 없던

내가 있었다

노을

텅 빈 곳에서 음악을 듣는다
호명되지 못한 이름이 테이블 위에 놓였다
테이블을 뒤덮는 햇살 하나가 오후 내내 머물다 갔다
오후를 사랑한 한 사람이 있었다
한 사람의 손을 잡고 사라지는 그림자가 있었다
해가 지고
새가 날고
문 하나가 닫히는 사이
음악은 멈추고
조명은 꺼지고
나는 일어섰다
긴 오후가 노을 속으로 사라질 때
지워지는 이름이
테이블 위에서 타는
노을을 안고

뱅쇼

놓은 적 없는

저 꿈을

아무도 알아보지 못했다

달콤하고

따듯했다

밤과 빛과

검은 하늘
네온으로 물드는 검은 바다

그 안에서 부정하고 마는 나의
오늘은
낯선 표정 안에 놓여 있다

나는 보았다

얼굴 없는 사람들이 검은 바다의
포말 속에 잠드는 것을

앙상한 나뭇가지와
날아가는 새 떼들
끝없이 펼쳐진 적막을

나는 보았다

적막 속에 사라지는 모든 것을
검은 바다에 새 한 마리 가로지르고

사라지는 모든 것을 안고 사라지는
어떤 표정 하나가

잊힌 봄 안에 있었다

새벽

아픔 속에 아픔이 있다

적막과 고요가 가로지르는
새벽

빛이 있던
몇 개의 계절이 있었다

불변을 앓고 있는 사람이 있었다

마음을 뒤덮던
날들이었다

파도 그림

 나는 당신에게 손을 내밀어 마디마디를 꼭 움켜쥔 채 바다 한가운데로 걸어가는 꿈을 꾼다 파도가 환하고 다정했다 바다 너머에는 숲이 있다 길을 걷고 있는 당신 무언가 사라진 자리에서 무언가 찾고 있는 당신 그 곁을 지나 처음 만진 시간 그 시간 끝에 배어 있는 노을 숲의 그림자가 일어나 해변을 걷는다 나는 파도에 떨어져 내리는 햇살을 묵묵히 날랐다 약속 없이 무심하게 변하는 것을 삼키고 약속 없이 무감하게 변하는 것을 그대로 둔 채 걸었다 긴 울음이 파도처럼 내 어깨 위에 내려앉았다 발음할 수 없는 긴 낱말 속에 당신이 있었다 모든 것을 끌어안는 밤 그리움은 봄을 앞섰다

밤을 끌어안는 밤

나는 내내 언덕 위를 바라보며 걸었다

끝없이 걸어가고 있는 한 사람

하늘 한가운데
너의 어둠과
나의 어둠이 놓여 있고

어둠을 마주하는 것은
아름다운 고백이고

어떤 날은
도망치듯 허공에 번지는 밤이 있다

무심할 수 없는
빛과 빛의 연대가 있다
마음을 내내 끌어들이는
밤

무한히 걸어가고 있는 한 사람에게

"가장 소중한 것은 무엇입니까?"

두 눈을 감으면
가득히 차오르는
어떤 것

그림

겨울에서 봄으로 넘어가는 길목이었다
오랜만에 날이 맑았고
거리는 한산했다
구름 한 점 없는 하늘이었다
아무리 두드려도 소리 나지 않았다
그것이 문이었는지
당신이었는지 알 수 없었다
언덕 너머에서 불어오는 바람이 있다
하늘을 바라보며 내가 그린 구름 그림을 생각했다

'당신은 어디에 놓여 있나요?'

오래 기다리지 못해
사라진
한 사람이 있었다

끝나지 않는 길 위에 있었다

교각 아래 새 한 마리
바람에 흔들리는 꽃
낡아 다 해진 이름을 손에 쥐고
무심히 길을 걸어가는
한 사람이 있다
풍경은 아름다웠고
겨울 오후의 햇살이 천변에 내려앉고 있었다
오래된 이름이
슬픈 이름이
교각에 매달려 있고
모든 것을 견디고 있고
새 떼가 날아와
반쯤 접힌 꿈이 푸드덕 날았다

'당신의 반대편에는 무엇이 있나요?'

뒤를 돌아보자
끝없는 천변의 풍경이 이어지고 있었다

겨울 오후

텅 빈 눈밭

아무도 너를 부르지 않는다

어떤 날은

의미 없이 쏟아지는 빛이 있다

겨울 천변이

너의 눈동자에 담겨 있고

무심한 듯 어깨에 내려앉는

눈이 있다

빛이 내리쬐는 천변에

잃어버린 길이 있다

돌아갈 순 없지만

괜찮다

무너지지 않는다

세계

돌아본 세계는 환하다
나는 그곳에 있다, 없다
이름 없는 세계다
불린 적 없는 저 이름이
밤 안에 놓여 있다
이름 없는 너의 얼굴에
별빛이 내려앉는다
반짝이던 너를 바라보다
절망한다
적멸한다
나는 너의 세계를 껴안는다
놓은 적 없는 바람
저 바람이
세계 안에 놓여 있었다

제4부

빈 잔

　서로의 빈 잔을 바라보는 것이다 서로의 가득한 잔까지 바라보는 것이다 물이 차오를 것이다 넘칠 것이다 깊을 것이다

　서로의 빈 잔을 바라보는 것이다 나는 빈 잔이 되어 너를 바라보는 것이다 다시 물이 차오를 것이다 넘칠 것이다 깊을 것이다

　나는 너의 잔을 바라보는 것이다
　나는 가득한 잔이 되어 너를 바라보는 것이다

　너의 가득한 잔이 나의 빈 잔을 품을 것이다 서로의 가득한 잔이 내 앞에 놓일 것이다

파도 파도

비가 내린다
장마다
창밖은 바다

새는 비에 젖는다
젖는 것은 너만이 아닌 것

말할 수 없는 것들은
그것 그대로 파도 위에 놓이고

나는 두 손을 포개어 무릎 위에 올려둔 채
창밖을 바라보았다

네게
손을 내밀던
나를

가만히

새가
날았다

외로우면
손등을 쓰다듬었다

다가서는 화원

끝 간 데 없이 부르는 이름이 있어 돌아보지 않고 길을 걷는 한 사람이 있는데 그것이 무엇을 뜻하는지 모르는 사람이 있다면

바람이 그토록 부는데 바람이 단 하나의 숨이라고 말하는 사람이 있다면 식어가는 커피잔을 손에 들고 하염없는 음악을 홀로 듣는 사람이 있다면

진심이 진심인 사람이 있어 모든 이에게 마음을 내어주는 사람이 있다면 사랑 때문에 심장을 긋고도 사랑에 머무는 사람이 있다면

타들어 가는 담배를 손에 쥐고 타들어 가는 적막을 안고 있는 당신이 있다면 밤이 오고 밤을 마주하는 방안에서 사랑이 생의 전부라 말하는 사람이 있다면

그것은 아름다운가

인사

언덕을 오른다
설산이 있다

올려다본 하늘엔
달빛 같은 눈이 내린다

나는 단지
여기 있고

노래를 부르며

아름답나요?

너의 눈빛 같은
눈이

음악 같은
빛나던 너를

그림자

백열등이 비치고 있다
백지가 있다

탁자 위에 놓인 카라 한 송이
떠나고 있는 사람들
사람들의 그림자가 백지 위에 있다

오늘은 그림자의 그림자를 따라가다
하루를 다 써버린 날

아무도 본 적 없는
당신의 내부가
백열등 아래
점멸되고

어디 있나요?
당신은?

미처 부르지 못해

다가서지 못한

그림자

하나가

기록

마지막 꽃잎이었다

뿌리 없는 늙은 꽃이
봄의 구멍을 덮는다

―오늘을 보지 못했죠
―과거를 사랑하느라

무너짐이 반복될수록 나는
내게 더 가까워졌다

알 수 없는 길을 간다 해도
길은 길인 것처럼

비루함이란 없는 것

홀로
봄 길을 걸었다

하나의 숲

피었다 봄이다
풍경은 흐른다
하나의 창 너머
당신들의 터전이 있다
길을 잃었다 말하면
파도가 일었다
밤이 찾아들면
사위는 침묵
검어지는 것은
나만이 아닌 것
홀로
오래된 마음이
해변에 있고
나무와 집과 산이
풍경 속으로 사라질 때
나는 봄이라는
단 하나의 이름을
불렀다

계절

한없이 투명해서 발음할 수 없는 낱말 속에
네가 있다

우리의 이야기는 사라짐이다

아름다운 절망은 어떤가

당신은

가만히

돌아서고

결국
한 사람의 이야기는 눈빛에서부터 시작된다

빛나서 감싸 줄 수 없는 빛과
깊어서 볼 수 없는 심연이 있다

나는 이별도
사랑이라 불렀다

한 사람

칠흑 같은 어둠 속에서

단 한 사람만

곁에 있으면

되겠다

싶었다

단 한 사람만으로

뒤덮고도

가득한

하루

"눈동자가 하염없네요"

침묵을 지키다 침묵이 된 당신은
동요하지 않는 눈동자를 지녔었지

나는 눈을 감았다

하루의 오후가
빛으로 가득했다

어떤 인사

오래된 정류장엔 이정표가 없었다

사찰 근처였고

한없이 버스가 오기를 기다렸다

계획 없이 떠난 여행이었다

불어 드는 봄바람에 흔들린다는 것

그때가 처음이었다는 것

나의 불구가 당신이었다는 사실을

우리가 이토록 아름다운 시절을 보내버렸다는 것을

그리하여

나의 불구는

실패라는 것

깊은 울음은 외려 눈물을 감추게 될 것이다

한참을 목 놓아 불러보는 이름 하나가 황량한 거리 한가운데 있었다.

그런 날은 두고 온 나를 꼭 안아주는 날이었다.

작은 방

내리는 비 파도가 들이친다 여기는 나의 작은 방 포말이 일 때마다 호흡을 한번 가다듬고 나는 이름을 부른다 조각난 마음 불어 드는 바람 내리쬐는 백열등 나의 작은 방엔 고요가 있다

고요는 창에서부터 시작된다 창을 열면 바다 바다에 고요가 있다 고요를 가로지르는 호명 너의 이름은 파도 안에 담겨 있고 불타오르는 파도의 한가운데 내가 갖지 못한 깊이가 있다 깊이는 깊이를 끌어들이고

깊이 속에 담겨 있는 아픔 하나가 고개를 든다 나의 방은 작은 방 나는 이 방 안에서 너의 고요와 너의 슬픔과 너의 미래를 본다 흔들리다 흔들리는 마음이 있다 그 마음은 한결같기도 해서

나는 나를 부르듯 너를 부르고 작은 나의 방 하염없이 아득해지는 것 그토록 끝없는 파도의 포말이 너를 닮았듯 나는 나의 작은 방 그리하여 창밖엔 말없이 날아오르는 새 떼가 있다

어떤 기록

사람은 자신의 뒷모습을 영영 볼 수 없다

뒤를 돌아보았다

너는 내게 너를 투영시킨다

너는 나와 겹친다

빈 잔에 물을 따르고
너를 바라본다

고요하다

침묵 속에도
빛이 있어

잔의 그림자가
길어지고

우리의 그림자는
겹친다

비워지는 물잔

사라지는 고요

해 질 녘
단 한 순간
너는 돌아보지 않았다

사람은 자신의 뒷모습을 안고 간다

밤

이것은

당신의 기록

깊은 밤

마음이 조용히 덮인다

빛나지 않아도

아름다울 수 있는 것은

무엇일까

바람 같은

꿈을 꾸었다

해설

너에게로 가는 먼 길

오민석(문학평론가·단국대 명예교수)

　모든 언어(문장)는 근본적으로 대화적이다. 모든 발화는 다른 발화에 대한 반응이며 다른 발화의 발생을 전제로 생겨난다. 이는 독백의 경우에도 예외가 아니다. 독백은 발화자가 자신을 청자로 내세우는 언어이기도 하고, 미지의 잠재적 청자를 가정하는 언어이기도 하다. 대화적 상호작용을 배제한 발화란 없다.『대화적 상상력』으로 유명한 미하일 바흐친(M. Bakhtin)은 언어의 대화성을 인식론의 층위로까지 끌어올린다. 그에 따르면 "진리란 고립된 개인의 머릿속에서 태어나거나 발견되는 것이 아니라 대화적 상호작용의 과정에서 진리를 찾으려는 사람들 사이에서 집단적으로 태어난다." 그러므로 그는 "모든 인식은 대화적이다."라고 주장한다. 그에 따르면 인간의 모든 행위에는 항상 언어가 끼어들고, 그때 사용되는 언어는 근본적으로 대화적이며, 따라서 모든 인식 역시 대화적 관계의 산물일 수밖에 없다. 그러나 대부분의 발화자는 문장의 대화적 속성을 잘 의식하지 못한다. 그들이 채 느끼지 못하는 상태에서도 모든 문장 속엔 이미 타자의 발화들이 들어와 있다. 모든 언어(단어들)는 그러므로 그 자체 이미 겹-목소리의 단어들(double-voiced words)이다.

최수란 시인의 시들은 언어와 인식의 이와 같은 대화성에 대한 민감하고도 끈질긴 반응의 결과물이다. 이 시집의 거의 모든 시에는 화자 혹은 시인의 목소리만이 아니라, "너", "당신", "한 사람"이라 불리는 타자와 그의 목소리들이 들어와 있다. 최수란은 발화할 때마다 거의 예외 없이 청자를 설정하고 그에게 말을 건다. 최수란의 시들은 언어의 대화성을 전경화시키고, 자신의 발화 안에 타자의 발화가 들어와 섞이는 풍경을 보여주며, 이 과정을 통하여 세계를 이해(인식)한다. 최수란의 시들은 단성적 언어(monophony)가 어떻게 다성적 언어(polyphony)로 바뀌는지를 보여줄 뿐만 아니라, 그를 통하여 모든 인식에 어떻게 타자성이 끼어드는지를 보여준다.

    반쯤 열어둔 창 안으로 한여름의 바람이 불어 들어오고
    있네요 바람 바람이라고 발음하면 바라던 일이 모두 이루
    어질 것 같아서 오늘 나는 나의 어제를 기록하고 있어요

어느 봄밤 꾸었던 하나의 꿈에 관한 이야기랍니다 당신과 나는 과거를 상실한 채 붉은 가로등이 켜진 비 오는 밤을 걷고 있었죠 골목을 지나 모퉁이를 돌아 막다른 지점에 다다를 때까지 상실된 과거는 돌아오지 않았어요 당신의 어제는 나의 오늘이 될 수 있을까요 푸른 바다를 가르는 하얀 새 한 마리는 등장하지 않았어요 꿈을 기록하면 내가 보이나요 보이는 나는 어제의 나와 같을까요 바람이라고 발음하면 꿈속의 나는 하얀 새가 될 수 있을 것만 같아요 꿈속의 기록은 여기까지입니다만 반쯤 열어둔 창 안으론 여전히 봄밤 같은 바람이 불어 들어오고 있네요

—「바람 기록」 전문

  최수란의 시에는 "창"의 기표 역시 자주 등장하는데, 그에게 창은 분리의 공간이 아니라 서로 다른 두 공간을 이어주는 대화적 공간이다. 열린 창으로 들어오는 "한여름의 바람"은 실내에 있는 화자의 사유를 자극하고, 화자는 자신의 과거와 현재를 회상하며 동시에 "당신과 나"의 상실된 과거를 끌어들인다. 화자는 당신에게 말을 걸고, 자기의 생각을 전하며, 질문을 하고, 대답을 기다리기도 한다. 화자의 이와 같은 발화는 다양한 층위의 대화적 공간을 생산한다. 위 시에는 화자의 현재와 과거가 만나는 대화적 공간도 있고, 현실과 꿈의 언어가 마주치는 공간도 있으며, "당신과 나"의 과거와 "당신의 어

제", 그리고 "나의 오늘"이 만나는 대화적 공간도 있다. 제목의 "바람 기록"은 이들의 발화가 정지된 것이 아니라 움직이고 이동하는 언어이며, 이 시가 그런 대화의 기록임을 보여준다. 시인의 사유와 발화에 불을 당긴 바람 역시 시의 초입부에선 한여름의 바람(현실)이었다가 결말부에선 다른 바람, 즉 "봄밤 같은 바람"(꿈속)과의 대화적 관계에 들어간다. 시인은 화자와 당신 사이에 "상실된 과거"가 존재하며 그것이 둘 사이에 아직 해결되지 않은 어떤 문제일 수 있음을 함축하지만, 그것을 구체적이고 특별한 서사로 발전시키지는 않는다. 시인은 다만 바람을 매개로 다양한 층위의 대화적 공간을 생산하고 그것들이 모여 모종의 인식을 형성해 가는 과정을 보여줄 뿐이다. 시인은 청자를 무의식의 비가시적 존재로 버려두지 않으며, 텍스트의 표면에 노출하고 그와 대화함으로써 자신의 정서와 사유가 고립된 주관성에 빠지는 것을 방지한다.

> 부서진 별 하나
> 있다
>
> 밤이 되어도
> 빛이 되지 못하는
>
> 그리하여 아픈

사라진 미래를 안고
골목을 돌아나가는
한 사람이 있다

어둠을 통과하며
언덕을 오르는
한 사람이 있다

당신의 손을 잡고
미래를 걷겠습니다

오지 않은 당신과
다가선 적 없는 당신과

　　　　　　　　—「그날의 미래」부분

  앞에서 인용한 작품과 이 작품 사이에 구조적 유사성이 있다면, 최수란이 설정하는 대화의 공간이 나와 타자인 당신(너, 한 사람), 그리고 과거—현재—미래로 이어지는 시간들 사이에 존재한다는 사실이다. 그에게 주체와 시간을 가로지르는 대화적 공간은 사적 공간이면서 동시에 보편적 공간이기도 하다. 시인은 사적인 관계가 그것만의 고유한 구체성으로 고착되지 않게 함으로써 그것을 보편성의 축으로 연결한다. 위 시에서 그의 시선에 잡힌 관계와 세계는 대체로 부정적이다. 별은 부서져 있고 "밤이 되어도" 빛나지 않으며, 그 사람("한 사람")에게 미래는 사라지고 없다. 그는 고작 "어둠을 통과하며/언덕을 오르"고, 화자는 그의 "손을 잡고 미래를 걷"고자 하지만, 그는 오지 않으며 화자에게 "다가선 적"이 없다. "그리하여" 이 대화의 공간은 "아픈" 결핍의 공간이 된다. 적어도 이 시에서 화자는 결핍이 지배하는 세계에서 미래를 잃고 불행한 현실에서 오지 않는 타자를 기다리는 모습으로 다가온다. 그러나 시집 전체로 볼 때 시인은 이와 같은 식의 단정을 늘 유보한다고 보아야 옳다. 세계에 대하여 어떤 판단을 내린 후에도 시인은 자꾸 뒤돌아보며 그 판단과는 다른 목소리를 끌어들여 앞에서 낸 자신의 목소리를 겹소리(double voice)로 만든다. 이런 점에서 최수란은 다성적 글쓰기의 고수이다. 이 시집을 읽다 보면 이렇게 여러 음계가 섞여 동시에 울리는 화성음을 자주 듣게 된다.

> 돌아본 세계는 환하다
> 나는 그곳에 있다, 없다
> 이름 없는 세계다
> 불린 적 없는 저 이름이
> 밤 안에 놓여 있다

이름 없는 너의 얼굴에

별빛이 내려앉는다

반짝이던 너를 바라보다

절망한다

적멸한다

나는 너의 세계를 껴안는다

놓은 적 없는 바람

저 바람이

세계 안에 놓여 있었다

—「세계」 전문

　방금 앞에서 읽은 시에서 시인이 "밤이 되어도/빛이 되지 못하는" 세계를 보여주었다면, 이 시가 보여주는 세계는 반대로 '환한' 세계이다. 화자는 자신이 "돌아본 세계"가 환하며 자신이 바로 "그곳에 있다, 없다"고 선언한다. 그렇다면 화자는 그곳에 있는 것인가, 없는 것인가. 정확히 위의 문장을 해석하자면, 그는 그곳에 있거나 없는 것이 아니라 있으면서 동시에 없다고 해야 옳을 것이다. 시인에게 '있음'의 다른 목소리는 '없음'이고, '없음'의 다른 얼굴은 '있음'이다. 시인에게 존재는 이렇게 있음과 없음이라는 서로 다른 목소리들의 동시적 이중창으로 들린다. 시인은 자신이 돌아본 환한 세계를 "이름 없는 세계"라 부른다. 그 세계는 이름이 없으므로 규정되지 않는 세계이며, 기표(언어) 밖 혹은 이전의 세계이고, 전유되지 않는 세계이다. 시인은 그런 세계가 어두운 "밤" 안에 놓여 있다고 말한다. 시인이 환한 것으로 감지한 세계는 이렇게 다시 어두운 밤의 목소리를 겹쳐(겹소리!) 입게 된다. 그리고 그 자리에 화자는 다시 "이름 없는 너의 얼굴"을 소환한다. "너" 역시 이름이 없으므로 규정 불가능한 타자이고 언어 이전 혹은 밖의 타자이다. 그 얼굴에 "별빛이 내려앉"고 화자는 그렇게 "반짝이던"(과거 시제!) "너"를 바라보다 "절망"하고 "적멸한다". 화자는 왜 이름 없는 너, 별빛이 반짝이던 너의 모습을 보고 절망하며 적멸할까. 자세한 설명은 없지만, 그런 너의 상태를 과거로 설명한 것으로 보아 그런 너는 지금은 사라지고 없는 너일 수도 있다. 그러므로 그다음 행에서 화자가 "너의 세계를 껴안는" 것은 '없는 너'를 껴안는 것이므로 절망과 적멸의 껴안음일 수 있다. 보라. 시인은 이런 식으로 부정을 긍정하고 긍정을 다시 부정하며 그가 시의 이름으로 소환하는 모든 기표가 특정한 기의에 고착되는 것을 계속 방해하고 지연한다.

    검은 하늘
    네온으로 물드는 검은 바다

    그 안에서 부정하고 마는 나의

오늘은
낯선 표정 안에 놓여 있다

나는 보았다

얼굴 없는 사람들이 검은 바다의
포말 속에 잠드는 것을

앙상한 나뭇가지와
날아가는 새 떼들
끝없이 펼쳐진 적막을

나는 보았다

적막 속에 사라지는 모든 것을
검은 바다에 새 한 마리 가로지르고

사라지는 모든 것을 안고 사라지는
어떤 표정 하나가

잊힌 봄 안에 있었다

—「밤과 빛과」 전문

독자들은 먼저 이 시의 제목에 주목할 필요가 있다. "밤"과 "빛"은 서로 반대의 기의를 가지고 있으면서도 동시에 공존할 가능성 역시 높은 시니피앙들이다. 시인은 이렇게 다른 목소리들을 하나의 제목 안에 넣는 것에 그치지 않고 그것의 말미에 연결사 "과"를 집어넣어 또 다른 목소리들이 계속 이어질 수 있음을 시사한다. 문장 끝에 매번 마침표 대신 상습적으로 쉼표를 넣어 자기의 말이 아직 끝나지 않았음을 강권하는 어떤 시인처럼, 최수란은 연결사를 사용하여 다양한 목소리를 섞으면서 겹소리를 만드는 자신의 작업이 계속될 수 있음을 시사한다. 셋째 행의 "부정하고 마는 나"는 긍정의 부정과 부정의 부정을 계속 이어가는 다성적 주체로서의 시인의 자기 고백에 다름 아니다. 그리하여 그는 매 순간 부정에 의해 달라지는, "낯선 표정"의 대상들을 만난다. 그렇지 않아도 특정한 기표에 갇혀 있지 않은 "얼굴 없는 사람들"은 또 다른 부정의 궤도로 계속 사라진다. 이 시집의 전편에서 '사라지다', '지워지다'와 같은 유사어들이 자주 반복되는 것은 이런 맥락에서이다. 심지어 "사라지는 모든 것을 안고 사라지는"이라니. 이것이야말로 부정의 부정이라는 연속적인 부정을 지시하는 대목이 아닌가. 문제는 바로 이 문장이 그런 "어떤 표정 하나가//잊힌 봄 안에 있었다"(!)로 끝난다는 사실이다. 결국 이 문장은 사라지는 모든 것을 안고 사라지는 그 무엇 자체는 결국 사라지지 않고 존재했다("있었다")는 이야기 아닌가. 게다가 그 "있음"이 이제는 없는 시간인 "잊힌 봄 안에" 서였다니. 면밀하게 들여다보면 최수란의 문장들은 이처럼 매우 복잡한 부정의 부정의 부정(n의 부정!)을 수행함으로써 무수한 다성성의 공간들을 만들어낸다.

> 검은 나무에 앉은 오래된 새의 울음소리가 들렸다 나는 사라지는 숲과 타들어 가는 바다 위에 있다 단 한 번도 불린 적 없는 나의 이름은 얼굴 없는 새가 되어 허공으로 사라지고 소리 없이 다가와 새겨지고 새겨지는 모든 발자국은 검은 해변의 포말 속에서 나의 생을 기록하는 중이다 나는 바람이 부는 방향을 따라 가만가만 걸어갈 것이다 허공 속의 긴 햇살이 나의 무릎 위에 내려앉을 것이다 새 한 마리 날아들 것이다 나는 사라지는 중이다
> ―「얼굴 없는 새」 전문

지금까지 이 글을 따라 읽은 눈 밝은 독자들이라면 이 시집에 일정하게 반복되는 패턴들이 있다는 사실을 이미 눈치챘을 것이다. 가령 무수한 시편들에 '너, 당신, 한 사람' 같은 타자(의 목소리)가 등장한다는 것, '사라지다, 지워지다'와 같은 소멸의 기표들이 자주 나온다는 것, 그리고 '얼굴 혹은 이름 없음'의 존재들이 반복해서 등장한다는 사실이다. 이는 위 작품에서도 예외가 아니다. "사라지는 숲과 타들어 가는 바다"

는 소멸의 과정에 있는 어떤 상황을 가리킨다. 문제는 "나"가 바로 그 위에 있다는 사실이다. 나는 "애초에 단 한 번도 불린 적 없는" 이름의 소유자이다. 그 어떤 기표에 의해서도 전유되거나 규정되지 않는 나는 이름 없는 주체이자 "얼굴 없는 새"이고, 바로 그런 이유로 무엇이든 될 수 있는, 일종의 기관 없는 신체이다. 그런 나는 '~되기'의 과정에서 단 한순간도 멈추지 않기 때문에 결국 "허공에서 사라지"는 존재이며, 이 작품에서 그런 나의 "생을 기록하는" 것은 바로 "검은 해변의 포말"이다. 이름 그대로 해변의 포말은 그 자체 무정형인, 결국은 그 역시 이름도 얼굴도 없는 존재에 불과하다. 그러므로 포말의 기록은 "허공"의 기록일 수밖에 없으며 결국 아무것도 남길 수 없다. 이런 맥락에서 "나는 사라지는 중이다"라는 마지막 문장은 매우 논리적인 귀결이다.

또한 시인의 생을 기록한다는 점에서 이 "포말"을 시의 은유로 읽을 수도 있다. 만일 그렇게 본다면, 이 대목에서 우리는 최수란이 생각하는 시가 무엇인지 가늠해 볼 수 있게 된다. 그에게 시는 존재의 "기록"이지만, 바로 그 존재가 끊임없이 다른 존재로 미끄러지고 소멸하기 때문에 그것의 기록에 실패하는 언어이며, 결국엔 그 존재를 따라 마침내 소멸하는 언어이다. 이렇게 보면 그의 시들은 '끝없이 소멸하는 너에게 끝없이 소멸하는 세계에 대하여 말을 거는 언어'이다.

모리스 블랑쇼(M. Blanchot)에 따르면 "문학은 그 자신으로 향한다. 사라짐이라는 그 본질로 향하는 것이다." 그에 따르면 "시가 가지는 독립성은…… 문학적 창조를 창조주에 의한 세계 창조의 등가물로 만드는 오만한 초월성을 보이지 않는다. (그것은) 시적 영역의 영원성과 불변성을 보여주고 있지조차 않다. 역으로 그것은 우리가 만든다든지 존재한다는 등의 말에 딸려 있는 통상적인 가치를 역전시키는 것이다."(『도래할 책』) 이런 점에서 볼 때, 시는 자신의 근원을 탐구하며 오히려 현재의 자신을 지우는 장르이다. 시는 오로지 사라짐의 궤도를 통하여 계속 존재한다. 시는 자신을 끊임없이 과거로 만들면서 새로운 현재를 만든다. 역설적이게도 이 적극적이고도 심오한 소멸의 길을 가는 작품들이 문학의 도살장에서 살아남는다. 최수란의 시들은 이렇게 소멸을 자기의 궤도를 자청하여 '얼굴 없는 너'에게로 가는 먼 길의 언어를 보여준다.

시인동네 시인선 255

당신의 어둠을 가질 수 있겠습니까
ⓒ 최수란

초판 1쇄 인쇄	2025년 6월 16일
초판 1쇄 발행	2025년 6월 24일
지은이	최수란
펴낸이	김석봉
디자인	헤이존
펴낸곳	문학의전당
출판등록	제448-251002012000043호
주소	충북 단양군 적성면 도곡파랑로 178
전화	043-421-1977
전자우편	sbpoem@naver.com

ISBN 979-11-5896-696-6 03810

*이 책의 판권은 지은이와 문학의전당에 있습니다.
*양측의 서면 동의 없는 무단 전재 및 복제를 금합니다.
*잘못 만들어진 책은 바꿔드립니다.